LK 864
A.

AF320610

217
4370

MIRACLE

NOVVELLEMENT ARRI-
ué en la Ville de Beauuais, en Picardie, le 9. Ianuier 1 6 2 0.

Approuué par les informations & de-
positions de 62. tesmoins, maintenant
entre les mains de messieurs de la
Cour de Parlement de Paris,

*Pour sur iceluy prononcer Arrest allen-
contre des parties accusées,*

Emsemble le contenu de la Sentence
à quoy ils ont esté condamnez, le 28.
Ianuier, par le Iuge Criminel de
ladite Ville de Beauuais.

A PARIS,
Iouxte la Coppie Imprimée à Amiens.
1 6 2 0.

INC 864
A C

MIRACLE NOVVELLE-
ment arriué en la ville de Beauuais en Picardie.

Es Miracles naturels que Dieu opere en ceste fami-liere corporelle & celeste, n'ature auquel il no⁹ faut croire: affin que par ceste croyance veu les diuers effects que nous voyons iournellement aduenir, font les vrais tefmoignages pour fça-uoir que c'eft plus clairement, quel eft la Majefté des œuures de Dieu, furquoy fera befoin de noter les raifons pourquoy Dieu faict des miracles.

C'eft pour mieux retenir les mor-tels en leurs croyance, car combien qu'il foit affez euident par les crea-ture, qui toutes dient qu'ils ne font point faits eux mefme, qu'il y a vn

Dieu autheur & souuerain d'icelle,
toutesfois les effects extra-ordinai-
re que la nature ne puis produire, le
montrent plus clairement & font
voir par vn flambeau plus luisant
& esleué qu'il y a vn maistre de tout
& sur tout seul ouurier de tels effects, & que côme il est facteur de
ceux cy sans emprunter le secours
& vertu de la nature, il l'est aussi de
toute la nature & comme la nature
ne faict pas ceux cy , aussi elle ne
cest pas faite elle mesme. Ainsi Dieu
facteur tant d'elle que de tels miracle & par telle œuure sur-naturelle
sont confondus les Heretiques de
ce temps qui estiment qu'il n'y a rié
par dessus la nature & qu'il ne ce
puis faire aucun miracle au preiudi-
ce d'icelle.

Toute l'antiquité est tesmoin des
miracles faits par nostre Seigneur

de téps en temps , & les ennemis
de l'Eglise les nient, à qui adioutera
on plus de foy a Luther, a Caluin, à
Beze, & aux auitres Ministres, ou
bien à sainct Bazille, S. Ambroise,
S. Hierome, S. Bernard & autres
qu'ils appellent eux mesme saincts.

Donc les Heretiques peuuent ils
ignorer les miracles qui se sont faits
ey deuant & mensiónez en la Sain-
te Escriture, que Dieu durát les sie-
cles de Noé il racourcit la duree de
la vie des hommes, & les reduit à six
vingts ans, au lieu qu'ils pouuoient
viure comme auparauant sept &
huit cents ans ou plus: ce fut vn miracle du temps racourcy. Quand il
arresta le Soleil & donna vn iour
plus de loisir à Iosué pour luy faire
emporter la victoire entiere sur ces
ennemis, quant il prolongea la vie
de quinze ans au Roy Ezechias, &

fit reculler le Soleil de dix degrez,
quã il fit que les abis des Hebrieux
par traite du téps, ne sufoient point
au desert, n'est-ce pas vn miracle
des sept dormans, qui demeurerét
en vne cauerne sans viellir, outres
ces miracles si bien approuuez dás
l'ancien Testament, cóme encore
de celuy de la Mane, des cinq pains
& deux poissons, de la Piscine, de l'a
ueugle né, de la Cananee, la resur-
rection du Lazare, la multiplicatió
du grain de moutarde, du change-
ment d'eau en vin au nopce de Ca-
naam, bref vne infinitez de mer-
ueilles de Dieu, ne seront elle pas
suffisátes de nous faire encore croire les miracles qui iournellement
ce font aux Eglise, & Chappelle,
Oratoire de Nostre.Dame de Lo-
rette, du Puy, de Móferrat, de Lies.
se & se signalé miracle qui c'est pas-

7

sé depuis peu en la presence de la
Royne Mere de nostre Roy en la
Chappelle des Ardilliers dedié &
cõsacré a la Vierge Mere de Dieu.

Tous les Miracles que nous pou-
rions & peuuent veritablement e-
stre recitez, sont ils pas suffisant de
croire vn que l'on tient na guerre
estre arriué, en la Ville de Beauuais
en Picardie, puisque les puissances
de Dieu ne sont point racourcie, ny
abregée & qu'elle sont aussi grande qu'elle ont iamais esté, Veu qu'il
est aussi bien au pouuoir de Dieu,
d'operer encore de present en ces
Miracles, que il à faict des le com-
mencement du Monde.

Le fils de Dieu mesme quand il
vint en ce Monde, enuoyé imme-
diatement de son Pere pour preser-
uer la Loy de grace aux mortels, il

BIBLIOTHÈQUE NATIONALE
R.F.
IMPRIMÉS

verifia ſon authorité & ſa miſſion
par les miracle, & partant quãd les
Diſciples de S. Iean vindrent à luy,
voir s'il eſtoit le Meſſias, il ne leur
reſpondit autre choſe ſinon qu'il
faiſoit des miracle, *Retournez vous-*
en (dit-il) a Jean & dicte luy, les Aueu-
gles voyent, les Boiteux marchent, les
Ladres ſont mundifiez, les Sourds recou-
urent l'ouye, les Morts ſont reſucitez, &
les ſimples Euangeliſez, ſainct Iean ne
doutoit pas de noſtre Seigneur,
mais il luy enuoioit les Diſciples
pour en eſtre inſtruicts. Noſtre Seigneur doncques pour luy faire foy
qu'il eſtoit, le vray Meſſias enuoyé
de Dieu, il leur faict lecture de ſa
miſſion qui eſtoit faicte des miracles.

Puiſque Dieu eſt donc venu en
ce Monde en parties pour faire des
Miracle, & qu'il n'eſt de preſent
moins

9

moins au Ciel qu'il estoit cy bas en terre, qu'il puit par sa puissance diui-ne aussi bien faire operer des mira-cles estant au Ciel, que lors que la Diuinité estoit en terre.

Sur telles asseurances nous ne pouuons ignorer, ce que l'on tient estre arriué en ladite ville de Beau-uais, depuis n'aguere, qui est côme il s'ensuit & comme ie le ouy decla-rer à plusieurs personne de ladite ville, qui le l'ont veu sçauoir.

La ville de Bauuais est fommen-tee de tres-grandes quantitez de ieunes hômes, lesquels le plus sou-uent n'ont autre deduits & exercice que d'inuenter tous les iours à pas-ser ioyeusement leurs temps en di-uersité de delices & débauches, cô-me aussi le plus souuét les naturel-les, & inciuilles conuersations les y porte & les occasions les y semon-nent.

B

Or en icelle ville il ny à pas long temps qu'vn iour ſe récontrant de cognoiſſance vne troupe de ieunes hómes de ladite ville, leſquels faiſant partie pour s'aller pourmener & ce donner du bon temps, firent entre eux vn complot d'aller ce rejouïr en vne maiſon de ioye, & impudique, pour en icelle y contéter leurs ſales & lacifs deſirs & contentements, eſtát donc arriués en icellé maiſon, y rencōntrant celle duquel il ce ſeruoit ordinairement pour ambaſſade d'amour, la coniurant ſur toutes les courtoiſie qu'elle leurs auroit peu faire par le paſſé, que d'aller chercher par la ville a quelque pris que ce fut quelque fille ou femme de ioye, comme elle en pouuoit cognoiſtre aſſez de tels commerce, & comme vne femme bien auiſee elle s'acquiteroit de ſon deuoir, & que cela eſtant il ne

feroient ingrats de la recognoiftre,
tant de ces peines que de la depence
qu'ils defiroiét faire en fa maifon, &
pour etre de ce, luy donnere quelq;
fomme dargét qu'ils auoiét faict les
vns auec les autres, laquelle elle ne
fit difficulté de prendre d'iceux, &
incótinent ce mit en deuoir dex-
ecuter fon ambaffabe.

Or cefte femme eftant en chemin
& en deuoir de procurer vne fi da-
nable entreinife Dieu permit qu'elle en retourna à la maifon fi toft que
ces defbauches l'efperoiét, & qui fut
peu eftre par la permiffion de Dieu,
à celle fin de trouuer moyen, d'a-
mortir le feu de leurs impudique
defirs.

La Paillardife au dire de l'Apoftre
Hebr. 1.3.4. n'eft licite n'y permiffe
de Dieu, entre l'homme & la féme
qu'en legitime Mariage.

Les loix Rómaine l'ont fupporté

en l'homme, non point en la féme, mais fans iufte fondement n'y folide raifon: les Paillards eftant forclos du Royaume de Dieu, & pour remede à l'incontinence, le mariage eftant permis & declaré honorable entre tous.

Les Paillards & adulteres n'ont point de part au Royaume de Dieu (*1. Cor. 6. 9. Ephef. 5. 5.*) ils les Iuge & punit ausfi en la vie prefente par diuerfes vifitations, amplement defcrite au liure des Prouerbes de Salomon, & par la main des Magiftrats, car au regart de la paillardife, n'eft pas loifible de voler l'hónenr du fils ou de la fille, du feruiteur ou de la feruante, du prochain & ce forfait doibt eftre beaucoup plus viuemét reprins que le larfin, attendu que l'honneur emporté par la paillardife, ne peut eftre reftitué: *Nulla reparabilis lafa pudificia*

13

eſt, deſperrit illa ſemel. Mais on peut reſtituer vn larcin, ou remedier à tel deſordre par la ſeruitude du Larron, le faiſant trauailler pour la ſatisfaction du larſin qu'il a faict à ces prochains.

Or pour retourner à noſtre diſcours, cette Ambaſſade d'amour ayant donc largét de ces impudics perſonages, ne retourne dóc cy toſt en la maiſon, ſoit pour n'auoir peu trouuer ou pouuoir auoir moyen de iouir des vollontez de celles dont elle leurs auoit tant faict de faiſtes, ou peut - eſtre la crainte qu'elle auoit de ne leur fournir ce que à quoy elle c'eſtoit obligée ne leur donna ſuject de la batre, & ouſtrager (comme le plus ſouuent telle perſonne ſont payée de tels ſalaire) cependant ces deſbauches à qui le temps leurs ennuioit de n'accomplir leurs impudiques deſirs

voyãt que leur Ambaſſades ne faiſoit conte de retourner, & apres
auoir emporté leur argét & ce voy-
ant fruſtrés de leurs impudiques eſ-
peráces, ce mirét à vomir vnanime-
ment tous enſemble, vn torrcét de
blapheſme & iniure, tant contre
Dieu, que cótre la Vierge ſa Mere,
maudiſant infiniment c'eſte miſé-
rable Ambaſades de ce que elle les
auoit ainſi trompés, en exerçant en
la Chambre d'icelle toutes les plus
grande cruauté dequoy ils ce pouuoit imaginer, comme bruſlant
tous ces meubles, liéts ciels, pailla-
ce, Figure & Image, & entre autre choſe par-m'y tout ce, vn Image de Cruſifix, eſtant en l'Ar-
bre de la Croix, qui eſtoit de la
grandeur d'vn pied de lon, lequel
fut miraculeuſemét garéty d'eſtre
bruſlé & conſommé par le feu ar-
dent, qui lors eſtoit en la chemineé

d'icelle chambre, lequel Crucifix
fut tout aussi tost resleué, estãt plus
beau qu'auparauant, par le peuple
qui aupres de là y acoururent, oyãt
l'estrange tintamare qu'ils faisoient
en icelle chambre.

Le peuple de ladicte ville y a-
courent de toutes pars & entre au-
stre la Iustice qui oyant de cy e-
strange chose, en firent leurs procés verbal, se saisirent de la persõne
de ces desbauché, les faisant con-
duire és prisons de ladicte ville, ou
estant separé les vns d'auec les autres ont estés interrogés sur faitz
dressé à ce subiect, & aussi suiuant
la desposition de soixanté deux té-
moins à eux presentez,

Le procés estant en estat d'estre
iugé ont esté condamnez à quatre
cens liures damende, par le Lieute-
nant criminel de ladicte ville, &
faire l'amende honorable la corde

au col nud en chemise, tenant en
main vne torche ardente de deux
liures pesent côduist par l'executeur
de iustice deuât la principale porte de S. Pierre, & y la demender à
haulte voix pardon à Dieu, au Roy
& à la iustice, & estre bany pour
quatre ans du pays, duquel Iuge-
ment ils se sont portez pour ap-
pellant à la Cour où ils ont estez a-
menez le 6. Feurier 1620. ensemble
se seroit aussi portez pour appellât
le procureur du Roy de ladicte
Ville en Minima.

Voila donc Lecteur ce qui c'est
passé au vray, touchant ledict miracle, ainsi arriué en la ville de Beauuais, le mois de Ianuier 1620.

www.ingramcontent.com/pod-product-compliance
Ingram Content Group UK Ltd.
Pitfield, Milton Keynes, MK11 3LW, UK
UKHW021357100726
13657UKWH00006B/2409